A. BUTIN

Ancien Professeur au Cours Préparatoire
de l'École Spéciale Militaire

LA BATAILLE DE FONTENOY

et

l'Inscription commémorative de 1902

LILLE

IMPRIMERIE LEFEBVRE-DUCROCQ

—

1904

A. BUTIN

Ancien Professeur au Cours Préparatoire
de l'École Spéciale Militaire.

LA BATAILLE DE FONTENOY

et

l'Inscription commémorative de 1902

INTRODUCTION

La Bataille de Fontenoy *que nous publions aujourd'hui* [1] *est la même, sauf de légères retouches, que celle qui a paru dans* Les Études, *le 20 octobre 1903.*

Notre but, en l'écrivant, n'a pas été de chercher du nouveau, de l'inédit ; mais de défendre la mémoire de l'Armée française et l'honneur de nos Régiments.

Depuis 1902, les visiteurs qui se rendent au champ de bataille de Fontenoy sont étonnés d'y voir et d'y lire que toute la gloire de cette journée revient à nos troupes auxiliaires, et que nous n'y avons eu, nous, que la part de la défaite!

C'est à cette assertion étrange que nous avons cherché à répondre. Après un sérieux examen et de longues réflexions, après avoir refait, heure par heure, la journée du 11 mai 1745, nous sommes arrivé à une conclusion toute contraire : l'armée française a eu une part réelle, indéniable à la victoire de Fontenoy, part qu'on ne saurait lui refuser sans injustice, et sans rendre incompréhensible l'échec final et la retraite du duc de Cumberland.

Cette part de victoire appartient aux premières heures de la journée et aux dernières, mais surtout à celles du milieu. C'est là qu'elle apparaît saisissante : nous l'appellerons, sans hésiter, le trait d'union de la mort entre les

---

1. 13 novembre 1904.

angoisses de la bataille compromise et l'ivresse de la victoire. Que les panégyristes très respectables, mais trop exclusifs, de notre légion étrangère du temps, la brigade Irlandaise, *fassent rentrer sous terre les soixante-huit escadrons français qui, de dix heures du matin à une heure et demie du soir, ont rougi de leur sang le plateau de Fontenoy, et ils pourront alors dire, écrire et graver tout ce qu'ils voudront.*

Quand parut, il y a un an, le résultat de nos recherches, avec un résumé des évènements qui avaient précédé, et des manœuvres qui avaient préparé Fontenoy, des Officiers Généraux, des Colonels, d'anciens Professeurs de l'Ecole Supérieure de Guerre, des Rédacteurs de Revues militaires voulurent bien s'y intéresser et nous en témoigner leur satisfaction.

Comme on nous pressait d'ouvrir un champ plus large à cette bataille ainsi refaite et ordonnée, M. le Général de Galliffet accepta d'y faire tête de colonne et nous écrivit la lettre suivante :

Paris, le 29 juillet 1904.

Merci de l'envoi de votre très intéressant article. Disposez de moi, mon camarade.

Honneur à l'Infanterie ! à l'Artillerie ! au Génie ! mais « vive » la Cavalerie — in æternum ! ! !

Quoi que disent les gens qui ne sont pas « *de cheval* », on aura toujours besoin d'Elle avant, pendant, après la bataille et, plus encore, à l'heure du dernier sacrifice !

Elle n'est ni Royale — ni Impériale — ni République, mais *de France,* et au « devoir » Elle saura toujours sacrifier ses préférences — — — —

Croyez moi votre dévoué,

Gal GALLIFFET.

LA BATAILLE DE FONTENOY

ET

l'Inscription Commémorative de 1902

En 1902, M. Frank Sullivan, de San Francisco, faisait dresser, sur une des faces du nouveau cimetière de Fontenoy [1], une large plaque de marbre blanc, marquée aux armes d'Irlande, et portant l'inscription suivante en anglais et en français :

IN MEMORY OF THE HEROIC IRISH SOLDIERS
WHO CHANGED DEFEAT INTO VICTORY AT
FONTENOY MAY 11th 1745
GOD SAVE IRELAND

A LA MÉMOIRE DES HÉROÏQUES SOLDATS IRLANDAIS
QUI CHANGÈRENT UNE DÉFAITE EN VICTOIRE, A
FONTENOY LE 11 MAI 1745
DIEU SAUVE L'IRLANDE

ERECTED BY FRANK SULLIVAN OF SAN FRANCISCO. U. S. A.

Cette plaque n'est, paraît-il, qu'une pierre d'attente ; un monument plus digne doit s'élever qui consacrera le beau fait d'armes rappelé par l'inscription.

Nous ne pouvons qu'applaudir à l'idée de perpétuer la mémoire de la valeur déployée à Fontenoy par la *brigade Irlandaise*. Elle fut, du reste, toujours coutumière des

---

1. L'ancien cimetière, celui qui avait été crénelé pendant la bataille, s'élevait autour de l'église. Le nouveau se trouve compris à l'intérieur du triangle qu'on obtiendrait en joignant par des lignes : Antoing, Fontenoy, Ramecroix, c'est-à-dire qu'il s'élève au centre même du plateau de Fontenoy, témoin des dernières charges de la journée.

actions d'éclat, et tant que nous eûmes l'honneur de la voir marcher à côté de nos régiments, dans les rangs de l'armée française, elle y déploya constamment les qualités des corps d'élite.

Mais cette inscription de fraîche date, nous ne pouvons l'admettre sans explication ni correctif. Dans sa concision toute lapidaire, elle signifie : « L'armée française était battue à Fontenoy et la journée perdue ; seule, la brigade Irlandaise, par sa belle attitude, a rétabli la bataille et changé la défaite en victoire. » Elle signifie cela ou rien. Eh bien, nous ne pouvons accepter cette façon de résumer la bataille de Fontenoy ; nous ne pouvons l'accepter, parce qu'elle n'est ni complète, ni exacte : le plus bel éloge ne perd rien à rester dans les limites de la vérité, et la brigade Irlandaise n'en gardera pas moins un beau renom d'honneur, quand nous aurons rétabli son rôle dans la bataille.

I

Les relations de la bataille de Fontenoy abondent ; les descriptions, plus encore, brillantes pour la plupart et s'attachant surtout à retracer la seconde phase de la journée : la brusque offensive anglaise par l'intervalle Fontenoy-Barry, puis la riposte française : les charges suprêmes et les chevauchées épiques ! Très peu ont un caractère d'étude critique ; celles qui le présentent ne dénotent pas toutes un esprit d'observation bien sérieux : la bataille n'a pas été étudiée d'assez près, ou on ne l'a vue qu'à travers des écrits de seconde main, trop dédaigneux eux-mêmes des premières sources, les plus simples toujours et les plus vraies. Ce n'est donc pas là que nous irons chercher la lumière.

Nous y avons cependant trouvé quelque chose. A travers ces rares réflexions et ces appréciations jetées en passant, perce, chez plusieurs, une légère pointe d'ironie qui vise droit Maurice de Saxe et sa bataille. On leur jette des fleurs, mais voyez de quelle main : Maurice de Saxe, « ce général qui eut assez de bonheur pour gagner à Fontenoy une bataille, à laquelle il ne fit qu'assister » ! Fontenoy, cette

« journée noble, héroïque, chevaleresque, — oh! on le dit
et bien haut, — mais qui fait plus d'honneur au courage
qu'à la tactique des deux partis. »

Ce n'est déjà qu'à moitié flatteur. Mais voilà qui est plus
grave. Dans son étude : *le Maréchal de Saxe* [1], le général
Ambert nous donne un Fontenoy riche d'anecdotes, un
Fontenoy vivant, poudreux, fougueux, où tout le monde
galope, même *Aubeterre* et *Courten* [2], deux régiments
d'infanterie !... puis, il s'arrête et formule son jugement :
« ... Est-ce à dire que Fontenoy ait la perfection des belles
batailles de Turenne et de Napoléon Ier? Non, certes, le plan
est défectueux, l'exécution laisse fort à désirer. Le maréchal
de Saxe savait mieux faire [3]. » Et un peu plus loin : « La
journée de Fontenoy, on ne saurait trop le répéter, ne brille
ni par la stratégie ni par la tactique ; mais elle est pour nous
un véritable trésor national [4]... »

Que la journée du 11 mai 1745 soit pour nous un véritable
trésor national, cela prouve, comme beaucoup d'autres l'ont
écrit, qu'elle est « une bataille bien française », et nous
tâcherons, sans blesser personne, d'arriver à la même conclusion. Qu'elle n'ait pas la perfection des belles batailles de
Turenne et de Napoléon, nous l'accordons volontiers. Qu'il
n'y ait là ni stratégie ni tactique, c'est autre chose, et nous
verrons cela tout à l'heure. Pour le moment, n'en déplaise
à cette plume ardente et sans manquer au respect qui lui est
dû, nous lui préférons l'analyse plus étudiée, le jugement
mieux raisonné de l'historien bien connu de *Marie-Thérèse
impératrice* [5].

Le duc de Broglie, lui aussi, a parcouru Fontenoy, mais
au pas le plus souvent, observant, étudiant par lui-même,
interrogeant peu les faiseurs de batailles, beaucoup les
acteurs ; attentif aux particularités de la journée, mais plus

---

1. *Le Maréchal de Saxe*, par le général Ambert. (*Le Correspondant*, janvier
et mars 1876.)

2. *Le Correspondant*, 25 janvier 1876, p. 223.

3. *Ibid.*, p. 222.

4. *Ibid.*, p. 224.

5. *Marie-Thérèse impératrice*, t. I, par le duc de Broglie. Paris, 1890.
(*Revue des Deux Mondes : Études diplomatiques*, 15 juin 1887.)

préoccupé d'en rechercher l'ordonnance sévère et le développement normal ; ne dédaignant pas l'anecdote, mais
sachant la fondre dans de larges beautés d'ensemble ; ne se
montrant ni critique ni panégyriste à outrance, mais restant
jusqu'au bout, avec une intelligence vive et un sens très
droit, un peintre impartial et fidèle. Avec cela et un peu
d'âme, il a refait un Fontenoy aussi vivant que d'autres,
mais plus vrai et moins fermé à l'influence de celui qui l'a
préparé, conduit et soutenu, au maréchal de Saxe.

Est-ce donc le duc de Broglie qui va nous aider à répondre
à M. Sullivan ? Non. Il nous a donné, une première fois,
Fontenoy, dans les *Études diplomatiques* [1], en 1887 ; trois
ans plus tard, en 1890, il le rééditait dans *Marie-Thérèse
impératrice*, douze ans par conséquent avant l'inscription
de 1902. On ne peut donc l'invoquer ni pour ni contre dans
une polémique qu'il n'a pas connue.

— Qu'il l'ait connue ou non, diront les partisans de la
thèse américaine, sa pensée est claire : il est pour nous ; que
faites-vous donc de la lettre du comte de Lowendal [2] que le
duc a insérée dans sa relation ?

— Ce que nous en faisons ? mais nous la citons et tout
de suite. La voici tout entière. Elle est écrite à sa femme
au soir de la bataille :

« Je suis jaloux, ma chère Isabelska, du roi mon maître
de ce qu'il a pu écrire à sa femme sur un tambour, en plein
champ de bataille, de la victoire que nous venons de rem-
porter sur les ennemis. Je ne le fais qu'au retour dans ma
cellule. Le bon Dieu te conserve ton Waldemar, mais que
ne lui dois-je pas ? La bataille était perdue, tout le monde
fuyait, le bon Dieu m'a inspiré de me mettre à la tête de la
brigade Irlandaise et des Gardes-Françaises que j'avais ral-
liés : nous avons pris l'ennemi en flanc ; je le renverse et le
pousse au-delà du champ de bataille. Le roi et le dauphin

---

1. *Études diplomatiques*. (*Revue des Deux Mondes*, 15 juin 1887.)

2. Le comte de Lowendal se rattachait par sa naissance aux rois de Danemark ; il servit la Pologne, l'Autriche, le Danemark et la Russie. Appelé en
France par Maurice de Saxe, il fut nommé lieutenant général, se distingua
dans la campagne des Pays-Bas et reçut le bâton de maréchal, après la prise
de Berg-op-Zoom (1700-1755).

m'ont comblé de distinction sur le champ de bataille. Je remercie la main de Dieu ; je voudrais me rendre plus digne de ma chère Isabelska. J'embrasse les enfants. — *P.-S.* Ne vante point ce que mon devoir m'a fait faire, attends que les autres le disent. » — Il cède ici la plume à son secrétaire, qui ajoute : « M. le maréchal de Saxe a dit hautement que le roi devait cette victoire au comte de Lowendal et à la brigade des Irlandais ; ce sont ses propres termes [1]. »

C'est merveilleux ! Encore un peu, et le comte de Lowendal, tout seul, aurait gagné la bataille ! Pas un mot de la *Maison du roi*.

Quoi qu'il en soit de cette lettre, qu'elle ait guidé ou non le burin du graveur de 1902, c'est bien à tort qu'on l'agiterait, d'une main victorieuse, comme une réponse péremptoire. Le duc de Broglie ne la cite qu'*après sa bataille*, à la suite de plusieurs autres du roi, du dauphin, du comte d'Argenson et de Maurice de Saxe ; il la cite, non pas comme un grave document révélateur, mais comme un modèle de lettre « intime, pleine de sensibilité un peu romanesque », et, sans plus de commentaire, il passe à une autre.

S'il avait pu prévoir la discussion qui devait s'élever un jour autour de cette lettre, et les conclusions qu'on chercherait à en tirer, il lui eût suffi, pour en rendre impossible toute interprétation excessive, de noter l'heure de l'entrée en ligne du comte de Lowendal ; car c'est là un point qui n'est pas négligeable, et que le comte lui-même aurait pu signaler, si, dans son empressement à narrer ses exploits et à ménager la modestie des autres corps engagés avant lui, il n'eût jugé plus habile de le traiter comme un détail que l'on passe sous silence.

La pensée du duc de Broglie n'est pas douteuse, et elle ne pouvait l'être. Ceux qui voudront le lire avec attention et réflexion verront bien où et à quel moment il faut placer les grands dévouements, non qui *changèrent une défaite en victoire* (il n'y eut jamais de défaite à Fontenoy),

---

1. Lowendal à sa femme, 11 mai 1745, à huit heures du soir. (Ministère de la guerre.) — « La comtesse de Lowendal était la seconde femme du comte. Il l'avait enlevée à son premier mari, lui-même étant déjà marié, puis divorcé dans son pays. » (*Revue des Deux Mondes*, 15 juin 1887, p. 757.)

mais qui conjurèrent la défaite et donnèrent, en se prodiguant, à l'infanterie le temps de se ressaisir, aux réserves d'entrer en ligne, à tous de finir la journée par un superbe et victorieux élan.

Ces grands dévouements, nous les avons soigneusement recherchés et comptés ; nous en avons retrouvé tous les noms, — autant d'escadrons immortalisés ! — Si nos lecteurs veulent bien nous suivre dans cette revue de Fontenoy, nous les ferons passer sous leurs yeux, non pas au bout d'une longue-vue, mais à distance convenable, là où ils se sont produits. Ils pourront les voir s'ébranler, charger et mourir, occupant, harcelant, retardant l'ennemi, et faisant gagner à l'infanterie, comme nous l'avons dit, cette chose si précieuse à la guerre, le temps !

Il nous a semblé qu'on pouvait aussi et que, par conséquent, on devait venger Maurice de Saxe des accusations si légèrement lancées contre lui. Ce ne sera pas une digression, mais le complément nécessaire de cette étude. Au point de vue stratégique, la préparation lointaine de Fontenoy ne laisse rien à désirer. Les dispositions tactiques, à la veille de la bataille, sont aussi très remarquables. Si on y a découvert et regretté un point faible, un seul ! c'est que tout ce qui est humain est borné, et qu'on ne peut tout prévoir, surtout ces attaques brusques et soudaines que la ruse ou le désespoir inspire, en dehors de toutes les règles, et qui sont, pour celui qui les reçoit, des *surprises* !

Cela ne suffit pas pour jeter le discrédit sur Maurice de Saxe, et ne plus voir en lui qu'un casse-cou qui s'engage à la légère et se dépêtre ensuite comme il peut. En réalité, il n'a pas été à Fontenoy inférieur à lui-même, ni avant, ni pendant l'action. S'il y était malade à mourir, il n'a pas moins su *pénétrer dans la zone orageuse de la guerre* [1], et y rester non seulement pour garder en main le fil conducteur des opérations, mais pour monter à cheval au

---

1. Colmar von der Goltz, *la Nation armée*, traduction Monet, p. 141. Paris, Westhausser, 1891. — *Le Commandement des armées allemandes en 1870*, par le Lieutenant-Colonel Rousset. (*Le Correspondant*, 25 février 1903, p. 659.)

moment le plus critique, et commander la manœuvre qui allait permettre au comte de Lowendal d'arriver à temps pour sa gloire.

Est-il besoin de le dire, l'hommage rendu au général en chef s'arrêtera là ; il n'ira pas jusqu'à l'apologie de l'homme. Dans Maurice de Saxe, l'homme n'est pas défendable. Il n'a de noblesse et d'élévation qu'aux heures où il touche aux choses de la guerre, quand il disserte sur l'âme du soldat, quand il prépare une campagne ou qu'il livre une bataille. C'est à ces heures de transfiguration trop rares où le *mens divinior* le saisit, que l'on doit ses plus belles conceptions, parmi lesquelles on nous permettra de ranger Fontenoy.

II

En 1744, après avoir été pendant trois ans en guerre avec l'Autriche, sans déclaration de guerre, nous étions directement aux prises avec elle. L'Angleterre appuyait franchement Marie-Thérèse, non pas tant par amour de la succession féminine dans la maison des Habsbourg que par l'appât de riches dépouilles à la paix : la Nouvelle-France, la Louisiane, les Antilles, les Grandes Indes, quels joyaux pour sa couronne coloniale ! Tout cela lui serait donné, si la France était battue.

Nous avions pour allié Frédéric II, allié douteux, fin, rusé, veillant avant tout sur sa précieuse conquête, la Silésie. Or, la Silésie était au fond de l'Allemagne, et, pour cette fois, Louis XV n'entendait plus *travailler pour le roi de Prusse* [1]. Du moins voulait-il faire de l'alliance un système français. Ce n'était donc plus dans l'excentrique bastion de Bohême que nous irions tenter la fortune des armes, mais sur nos frontières, là où l'Autriche était vulnérable, dans les anciens Pays-Bas espagnols. N'était-ce pas, du reste, de ce côté que Louis XIV avait de préférence cherché à faire son pré carré ? Quelle belle occasion de rappeler le Grand Roi !

---

1. Ce dicton naquit en France, au cours de la guerre de la succession d'Autriche. Il se popularisa à la paix d'Aix-la-Chapelle (1748).

Mais à peine Louis XV, Noailles et Maurice de Saxe avaient-ils fait tomber quelques places de la Flandre maritime, que Charles de Lorraine, attaquant brusquement à l'est, entrait dans les lignes de Wissembourg. Cette diversion nous forçait à lâcher prise. Il fallut marcher au plus pressé. Le roi et Noailles s'avancèrent au secours des provinces menacées. Maurice de Saxe, laissé entre la mer de l'Escaut, avec un effectif réduit de moitié, passa à la défensive. Le général autrichien, duc d'Arenberg, jugea l'occasion favorable. Il chercha le contact, l'enveloppement, l'écrasement ; Maurice de Saxe, tout le contraire. Une bataille l'aurait perdu, il la refusa. Il la refusa, mais sans fuir, sans prendre des airs de vaincu. Il se posta dans une situation avantageuse, entre la Lys et l'Escaut, situation assez forte pour défier l'attaque, et de menacé devint menaçant.

L'ennemi eut beau manœuvrer, s'offrir, chercher à l'attirer sur ses pas dans une action générale, comme cela avait si bien réussi à Condé dans les plaines de Lens ; Maurice de Saxe ne mordit pas à l'amorce. Ce n'est pas qu'il fût rivé sur place : il se défendait offensivement, tenait son adversaire sur un perpétuel qui-vive, fatiguait ses jambes et son moral, et lui enlevait la suprême consolation de s'approcher de Lille pour en faire le siège.

Le général d'Arenberg, découragé, ne trouvant plus de quoi nourrir son armée, se retira dans sa place d'armes, au cœur des Pays-Bas. La victoire restait à Maurice de Saxe. Cette victoire, sans bataille, Turenne ne l'aurait pas désavouée.

Pendant ce temps, à l'est, après les jours d'alarme causés par l'apparition de Charles de Lorraine sur la Lauter et par la maladie du roi à Metz, on était tout à la joie d'un prompt rétablissement et de succès aussi rapides qu'inespérés.

Frédéric II, maussade au début de la campagne de Flandre, et inactif par calcul, craignait maintenant que l'écrasement de la France n'eût pour première conséquence un retour offensif de Marie-Thérèse dans la haute et moyenne Oder, et s'empressait de montrer ses sabres et ses baïonnettes derrière les Riesen-Gebirge. Il n'en fallut pas davantage pour que l'impératrice rappelât Charles de Lorraine. La campagne du roi sur le Rhin n'offrit plus dès lors les mêmes difficultés. La prise de Fribourg-en-Brisgau lui donna un couronnement convenable. Le roi pouvait sans déshonneur demander la paix [1] ; on la lui refusa. Il n'y avait plus qu'à l'acheter par des victoires. Frédéric II aurait voulu qu'on les allât chercher par les chemins de guerre du Main et du Danube, à Prague ou à Vienne ! Nous avions mieux à faire. Les belles manœuvres de Maurice de Saxe en 1744 indiquaient le vrai terrain d'attaque.

Là, sur cette frontière indécise et dentelée du nord de la France, régnait depuis Nimègue (1678), une puissante muraille de forteresses, *la ceinture de fer de Vauban*. Les traités d'Utrecht en avaient détaché dix places dont ils avaient fait contre nous une *barrière* d'arrêt. C'était, de la Meuse à la mer : Namur, Charleroi, Mons, Tournai, Gand, Menin, Ypres, Warneton, Werwick et Furnes. Aborder cette barrière, non plus de flanc comme en 1744, mais de front, la briser en son milieu, en faire sauter le plus beau chaînon, Tournai, et pénétrer par la brèche dans les riches possessions autrichiennes, tel fut le plan concerté entre le maréchal de Saxe et le comte d'Argenson, ministre de la guerre.

Le plan fait, on passa à l'exécution. L'armée, forte de plus de quatre-vingt-dix mille hommes (cent quatre-vingt-dix bataillons de troupes régulières, dix de milice, cent soixante escadrons) avec cent vingt-sept pièces d'artillerie [2], se

---

1. Charles-Albert de Bavière (l'empereur Charles VII !) venait de mourir à Munich. Son fils, Maximilien-Joseph, moins ambitieux que lui, renonça à toute prétention au trône impérial et fit sa paix avec Marie-Thérèse. Comme nous n'avions pris les armes en 1741 que pour appuyer les ambitions bavaroises, nous n'avions plus de motif de continuer la guerre. Mais l'Autriche voulut nous faire payer notre première entrée en campagne, et refusa la paix. Elle se trompait sur l'état de nos forces militaires et nous croyait plus affaiblis que nous ne l'étions en réalité. L'année 1745 et les suivantes allaient lui prouver son erreur.

2. Le duc de Broglie dit que l'armée « avait un équipage d'artillerie de cent pièces de campagne et de vingt-sept de siège ». (*Revue des deux Mondes*, 15 juin 1887, p. 731.) Cette disproportion au début d'une guerre de siège étonne. En réalité, il n'y avait plus, en 1745, ni pièces de siège ni pièces de campagne. Les mêmes canons servaient à balayer les champs de bataille et à battre les places fortes. Cette belle confusion était l'œuvre de Vallière, premier inspecteur général de l'artillerie. Revenant sur des réformes appliquées avant lui, il fit rendre aux pièces le poids maximum qu'elles avaient en 1672 (guerre de Hollande), de sorte que la pièce de 24 disparaît complètement des

**

déploya en éventail de la Sambre à la Lys, la droite à Maubeuge, le centre à Valenciennes, la gauche à Warneton. Le duc de Cumberland, généralissime [1] de la coalition dans les Pays-Bas, crut que nous en voulions à Mons et s'ébranla dans cette direction. Mais ce déploiement stratégique (80 kilomètres) n'était qu'une manœuvre et une feinte destinées à diviser l'attention de l'ennemi et à l'empêcher de se porter trop vite au secours du point menacé. Par un rapide mouvement de concentration, les corps de droite et de gauche se rabattirent sur l'Escaut, et, le 30 avril 1745, Tournai était investie, en amont et en aval du fleuve.

Quand le duc de Cumberland s'aperçut de son erreur, il était trop engagé sur la route de Bruxelles à Mons pour se rabattre avec prudence sur celle d'Ath, la plus courte de Bruxelles à Tournai.

Ce contretemps ne le troubla pas. Jeune, brave, brûlant d'achever la réputation si brillamment commencée à Dettingen, il entendait mener les opérations avec honneur. Il retiendrait l'armée française derrière la barrière ; si elle osait y rester, il l'écraserait sous les murs de Tournai, entre la garnison hollandaise [2] de la place et son armée. Cela fait, on prendrait le chemin de Paris. « J'irai, répétait-il tout haut, ou je mangerai mes bottes. » Il n'y manquait plus que l'assaisonnement de Fontenoy.

équipages de campagne, que la pièce de 8 n'y apparaît plus qu'en petite quantité et qu'on n'y voit plus guère que la pièce de 4. (*Revue militaire : les Campagnes du maréchal de Saxe*, p. 563.) Cependant, comme il fallait bien, pour ouvrir la principale brèche des forteresses, quelques canons de gros calibre, on les traînait péniblement avec soi à grand renfort de chevaux, puis on les flanquait sur place de batteries légères. Ainsi entendues, les « vingt-sept pièces du duc de Broglie » s'expliquent. On conçoit cependant que cela ne fît pas l'affaire des ingénieurs, et que Gribeauval se soit hâté d'y mettre ordre. (Cf. *Gribeauval et ses précurseurs, Etudes*, 5 mars 1903.)

1. Marie-Thérèse avait rappelé des Pays-Bas son meilleur général, d'Arenberg, et lui avait confié la garde des frontières occidentales de l'empire, sur le Rhin. Pour le remplacer, elle avait désigné Königseck, vieux soldat, homme de sens, mais trop cassé déjà pour prendre la direction générale des opérations. Les Etats-Généraux de Hollande auraient pu trouver dans un des leurs, le prince de Nassau, militaire de race et de tradition, un chef tout désigné ; mais le spectre du stathoudérat les effraya et les égara : ils allèrent chercher un étranger, le prince de Waldeck, général de fantaisie, prétentieux comme un Buckingham, bon tout au plus pour un deuxième ou troisième rang; le premier restait forcément au duc de Cumberland. C'était ce que voulait l'Angleterre.

2. Toutes les villes de *la barrière* étaient occupées par des garnisons hollandaises.

Dès que le maréchal de Saxe, qui tâtait de loin son adversaire, se fut rendu compte qu'il marchait à lui, il laissa sur la rive gauche de l'Escaut vingt mille hommes devant Tournai à la garde des travaux du siège, et, avec le reste de l'armée, se porta sur la rive droite, à 7 kilomètres sud-est de la place. Là, il s'arrêta à cheval sur la route de Mons. Cette route, *le vieux chemin de Mons*, après avoir traversé le village de Vezon, s'élève sur le plateau de Fontenoy, entre la pointe [1] des bois de Barry et Ramecroix au nord, Fontenoy et Antoing au sud. Ces quatre petits centres, assez rapprochés les uns des autres, formaient autant de points flanquants pouvant servir à maîtriser la route, soit pour faciliter, soit pour interdire à une armée l'approche de Tournai.

Le maréchal, qui avait bien lu son terrain, et à temps, les fit saisir et occuper le 10 mai. Comme il tournait le dos à l'Escaut et regardait dans la direction de Mons, la droite de son front de bandière était à Antoing, le centre à Fontenoy, la gauche à Ramecroix, en passant par la pointe des bois de Barry. Une puissante tête de pont assurait, devant Calonne, sur la rive droite de l'Escaut, les communications avec la rive gauche. Mais, en même temps, et pour parer à une attaque éventuelle du côté de Tournai, il avait encore retranché le village de Rumillies, à 5 kilomètres plus au nord, et relié Rumillies au mont de la Trinité par deux brigades d'infanterie [2] et treize escadrons de cavalerie et de dragons, aux ordres du comte de Lowendal. Une forte grand'garde de hussards [3] et quatre cents hommes d'infanterie occupaient le mont de la Trinité.

Ainsi, du nord au sud, du mont de la Trinité à Antoing, sur un développement de 12 kilomètres, l'armée française occupait, face à l'est, une série de positions destinées, soit à recevoir directement l'attaque, soit à donner l'éveil et à permettre une concentration rapide, si, déviant de la

---

1. Cette pointe a été abattue.

2. *Auvergne* et *Touraine*.

3. Hussards de *Beausobre*.

direction principale, l'offensive ennemie se prononçait dans la direction du nord.

Mais on ne tarda pas à s'apercevoir que le duc de Cumberland ne préparait aucune marche de flanc, à distance de nos positions, et qu'il n'y aurait pas d'action en aval de la ville assiégée. La force de nos points fixes, Antoing, Fontenoy, Barry, ne lui avait pas échappé et, loin d'en redouter l'attaque, il la voulait et s'y préparait résolument. Cet assaut direct, ce corps à corps audacieux rendrait sa victoire plus éclatante : Tournai, en arrière, serait comme le fleuron de la journée !

Le 10 mai au soir, l'armée anglo-hanovrienne et le contingent allemand cantonnaient à Vezon et aux environs ; le corps hollandais à Maubray. Ces deux villages jalonnaient les directrices des chemins qui convergeaient vers les trois centres de la défense française.

Le maréchal de Saxe resserra ses lignes, rabattit ses réserves et acheva de retrancher Antoing, Fontenoy et la corne des bois de Barry.

La brigade de *Piémont* [1] fut postée dans les retranchements d'Antoing. Entre Antoing et Fontenoy, on fit avancer, face à Maubray-Péronnes, quinze escadrons de dragons [2], encadrés par la brigade de *Crillon* [3] et le régiment suisse de *Bettens*. Cette ligne d'infanterie et de cavalerie était couverte sur son front par trois redoutes, qui achevaient de rendre impraticable l'intervalle de 1200 mètres qui séparait les deux villages. Des détachements des régiments de *Bettens* et de *Diesbach* furent logés dans les redoutes.

Fontenoy, qui était le saillant de nos positions, fut crénelé et armé avec soin ; l'artillerie y était nombreuse ; quatre bataillons de *Dauphin* et un bataillon de *Beauvoisis* y furent jetés, puis renforcés par un bataillon du *Régiment du Roi*.

---

1. Le régiment de *Piémont* formait brigade avec un bataillon de *Royal-Marine*.

2 Dragons de *Royal*, de *Fremant*, de *Mestre-de-camp*.

3. *Crillon* formait brigade avec un bataillon de *Biron*.

850 mètres à peine séparaient Fontenoy de la corne de bois de Barry. Le terrain en avant étant raviné, couvert d'abatis et n'offrant à l'ennemi comme chemins d'attaque que des fondrières, le maréchal de Saxe jugea inutile de couper ces 800 mètres par un ouvrage de campagne. Seuls, la brigade d'*Aubeterre* [1], deux bataillons de *Gardes suisses*, quatre bataillons de *Gardes Françaises* [2] formèrent une sorte de courtine vivante d'un point à l'autre. Cette ligne d'infanterie se raccordait en équerre avec celle qui s'étendait d'Antoing à Fontenoy ; l'angle d'équerre était formé, à la hauteur de Fontenoy, par la brigade du *Roi*, soutenue par celle de la *Couronne*.

Deux redoutes avaient été élevées à la corne des bois de Barry, une sur la lisière nord, une sur la lisière sud. Le régiment d'*Eu* gardait ces redoutes. La corne elle-même était occupée par les compagnies *franches* et montées des *Grassins*. Entre la corne des bois et Ramecroix, la brigade *Irlandaise* (six bataillons [3]), *Royal-Vaisseaux* et *Normandie* complétaient la ligne, qui courait de Fontenoy à Ramecroix (2.500 mètres environ). En réalité, *Normandie* massé à l'extrême gauche, servait de réserve à la brigade *Irlandaise*, immédiatement soutenue par les *Vaisseaux*.

Soixante escadrons de cavalerie, réunis en brigades [4] et formés sur plusieurs lignes, formaient comme la base du triangle dont Fontenoy était le sommet ; ils avaient leur droite à Antoing, leur gauche au hameau de Notre-Dame-aux-Bois. Par cette position, ils étaient à même de se porter directement, soit sur la ligne Fontenoy-Barry, soit, par une conversion à droite, sur la ligne Antoing-Fontenoy. Ils avaient pour champ de charge le plateau de Fontenoy.

La *Maison du Roi* (la garde), les *Carabiniers*, quatre escadrons de gendarmerie, stationnaient en réserve près de

---

1. Le régiment d'*Aubeterre* formait brigade avec *Courten*.

2. Les *Gardes françaises* avaient pour « seconde ligne » *Royal*.

3. *Buliley, Dillon, Jerwick, Sally, Rooth, Clare*

4. Brigades du *Colonel-Général*, huit escadrons ; de *Clermont-Prince*, huit ; des *Cravates*, huit ; de *Royal-Étranger*, huit ; de *Brionne*, huit ; régiment de *Berry*, quatre ; brigades de *Penthièvre*, huit ; de *Royal-Roussillon*, huit.

la chapelle de Notre-Dame-aux-Bois [1] et de la *Justice d'Antoing*. Le roi, le dauphin, les princes, viendront les rejoindre le 11, au matin.

Le régiment de *Trainel* gardait les fours à chaux retranchés sur la route de Leuze [2].

Le comte de Lowendal s'était avancé dans Rumillies avec ses brigades de cavalerie.

Quelques régiments d'infanterie et de cavalerie achevaient de former, à notre gauche, les troupes de soutien, la réserve disponible. Huit escadrons de cavalerie passèrent derrière le centre, ce qui porta à soixante-huit escadrons la ligne des sabres.

En jetant un coup d'œil d'ensemble sur les formations françaises à l'aube du 11 mai, on voit que tout y est disposé et groupé en vue de la défense de l'obstacle fixe que le duc de Cumberland veut briser. Cet obstacle, c'est le plateau de

---

1. Malgré l'indication de la carte de l'État-major belge : *Ruines de la chapelle de Notre-Dame-aux-Bois*, nous avions de la peine à retrouver ces ruines. Un brave homme nous montra une humble métairie un peu en retrait de la route et demi-close. Quelques larges pierres gisaient encore par terre. — « C'est ça, nous dit la fermière, voilà tout ce qui reste. Il y a quelques années, la petite chapelle menaçait de s'écrouler, on la fit démolir! Quant à la Vierge, j'ai pu la recueillir dans la maison. » — Nous saluâmes la madone, mais nous regrettons que ces « ruines » n'aient pas été étayées et sauvées. L'Etat-major n'aura plus qu'à rayer ce précieux jalon de ses cartes.

2. D'après le « Plan de la bataille de Fontenoy gagnée par les troupes du Roy, le 11 may 1745, approuvé par Mgr le Maréchal de Saxe, & envoié au Roy de Prusse. — Disposition avant le combat. — A Lille, chez Panckouke, libraire, proche l'Hôtel de Ville, 1745. » — Un autre plan dressé par l'aide de camp du prince de Soubise, nous a permis de retrouver tous les régiments d'infanterie et de cavalerie qui ont donné à Fontenoy et l'ordre dans lequel ils ont donné. Les dispositions respectives sont les mêmes que dans le plan précédent. Le travail de l'aide de camp a été reproduit dans une carte des communes du canton d'Antoing, tirée à un très petit nombre d'exemplaires, et sortie de l'établissement de F. Desterbecq, ex-premier graveur et dessinateur du dépôt de la guerre à Bruxelles. Cette carte nous a été obligeamment communiquée par M. Blésin, régisseur du prince de Ligne à Antoing. De son côté, M. Oscar Legrand, secrétaire de l'Hôtel de ville, a retrouvé dans les archives la note des paysans qui avaient travaillé aux retranchements de *Crillon*, élevés exactement là où l'indiquent les plans. Enfin, M. Jules Decroix, Avocat à Lille et ancien Officier d'ordonnance du général Faidherbe, à Pont-Noyelles et à Bapaume, conserve avec un filial respect une belle gouache de la bataille de Fontenoy, due au pinceau de son trisaïeul, le premier des van Blarenberghe, qui assistait à la bataille en qualité de Peintre du Roi. Nous avons rapproché cette gouache de la *« Vue panoramique de la bataille de Fontenoy dessinée pendant l'action »* conservée au Ministère de la Guerre; elles s'accordent entre elles de tous points, et confirment l'exactitude des plans que nous avons suivis. — Les miniatures des van Blarenberghe, très recherchées par les historiens militaires, se trouvent au musée de Versailles.

Fontenoy, dont le maréchal de Saxe a saisi au passage les points de commandement et qu'il a fortifiés en quelques heures. C'est un véritable camp retranché d'un front de 3.600 mètres en forme de redan à angle obtus (Fontenoy), ou plutôt d'un tracé bastionné, composé de trois bastions : Antoing, Fontenoy, corne des bois de Barry, et de deux courtines : la ligne d'Antoing-Fontenoy, la ligne de Fontenoy-Barry.

Quelle était la valeur de l'obstacle, quel rôle allaient jouer les troupes de la défense, quelle serait, dans le gain final de la journée, la part de chacune? La bataille devait le montrer.

III

Le 11 mai, à cinq heures du matin, l'armée ennemie, forte de cinquante-cinq mille hommes, se déploya à petite distance de nos lignes, nous présentant le dedans d'un angle. C'était un développement d'infanterie parallèle au nôtre, occupant tout le front de nos fortifications improvisées, les Anglo-Hanovriens devant Fontenoy et les redoutes du bois de Barry, les Hollandais devant Antoing-Fontenoy. L'artillerie était puissante ; la cavalerie était rangée derrière l'infanterie. Quelques escadrons flanquaient en première ligne la gauche hollandaise devant Antoing.

Königseck, vigoureux soldat cependant, désapprouvait la bataille dans les conditions où elle allait s'engager ; il aurait préféré l'escarmouche, la manœuvre, l'usure préalable ; il doutait qu'on pût forcer, par une attaque brutale et sans préparation, la ligne de fer et de feu qu'on avait devant soi. Cumberland passa outre. Après un duel d'artillerie, l'assaut commença.

A l'extrême gauche, les Hollandais, formés en colonnes, marchèrent avec une froide intrépidité aux retranchements d'Antoing [1] et des redoutes voisines. Accueillis par un feu

---

1. En réalité, l'attaque porta plus sur les redoutes que sur Antoing même dont l'abord était rendu difficile par le feu d'une batterie qui tirait de la rive gauche de l'Escaut. Pierre Lenfant, paysagiste militaire du temps, nous a cependant gardé le souvenir de l'« *Attaque du village d'Anthoin* » dans une de ses deux toiles consacrées à la bataille de Fontenoy (Musée de Versailles.)

PLAN
DE LA BATAILLE DE FONTENOY,

GAGNE'E

Par les Troupes du Roy le 11. May 1745. approuvé par Mgr. le Maréchal de Saxe, & envoié au Roy de Pruſſe.

DISPOSITION AVANT LE COMBAT.

		BATAILLONS	ESCADRONS.
1.	BRIGADE de Piémont, retranchée dans Antoin.	5	
2.	BRIGADE de Crillon.	4	
3.	TROIS Regimens de Dragons.		15
4.	BRIGADE de Bettens Suiſſe.	6	
5.	BRIGADE du Dauphin, retranchée dans Fontenoy.	4	
6.	BRIGADE du Roy.	4	
7.	BRIGADE d'Aubeterre.	4	
8.	BRIGADE des Gardes.	6	
9.	BRIGADE des Irlandois.	6	
10.	REDOUTES gardées par le Regiment d'Eu.	2	
11.	REGIMENT Royal des Vaiſſeaux.	3	
12.	BRIGADE de Normandie.	4	
13.	BRIGADE de Royal.	4	
14.	BRIGADE de la Couronne.	4	
15.	BRIGADE du Colonel Général.		8
16.	BRIGADE de Clermont Prince.		8
17.	BRIGADE des Cravates.		8
18.	BRIGADE de Royal Etranger.		8
19.	BRIGADE de Brionne.		8
20.	REGIMENT de Berry.		4
21.	BRIGADE de Penthievre.		8
22.	BRIGADE de Royal Rouſſillon.		8
23.	MAISON du Roy & 4. Eſcadrons de la Gendarmerie.		17
24.	CARABINIERS.		10
25.	FOURS à Chaux retranchés ſur la Chauſſée de Leuze, gardés par le Régiment de Trainel.	1	
26	PONTS & Retranchemens gardés par dix Bataillons.	10	
	ARTILLERIE 100. piéces, & un Bataillon de Canonniers.	1	
27.	BATTERIE de 16. piéces de Canon.		
28.	HOLLANDOIS.		
29.	ANGLOIS & Hannovriens		

	BAONS.	ESCADRONS.
	68	102

A LILLE, chez A. J. PANCKOUCKE, Libraire proche l'Hôtel de Ville 1745.

meurtrier d'artillerie et de mousqueterie, sabrés par nos dragons, atteints dans leur flanc gauche par les boulets d'une batterie qui tirait de la rive opposée, et dont ils ignoraient

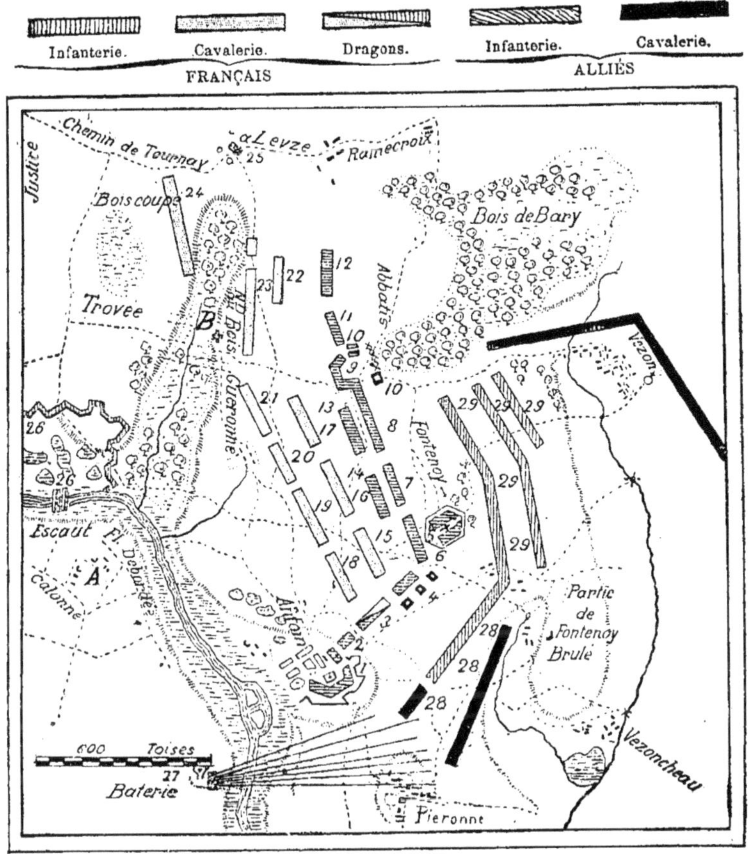

A. — Calonne Ou Le Roy Coucha La Veille De La Bataille. *Rex Noster Non Sibi Sed Patriæ.*

B. — Notre Dame Au Bois Ou Etait Le Roy Et Mgr Le Dauphin Pendant L'action. *Colligit æstate Filius Prudens.*

l'existence, ils se replièrent tout meurtris et allèrent se reformer. On les vit bientôt revenir à la charge et essayer de faire brèche dans nos ouvrages. Mais, artilleurs, fantassins, dragons, abrités dans leur tir, soutenus dans leurs charges, exaltés par un premier succès, ne se laissent entamer nulle part et refoulent partout les assaillants.

Plus maltraités encore que la première fois, laissant parmi les morts, sur les pentes abandonnées, un escadron tout entier, les Hollandais plièrent définitivement et gagnèrent, en arrière, un pli de terrain d'où ils ne bougèrent plus. Un autre chef que le prince de Waldeck, après avoir reposé et refait ses troupes, aurait continué à suivre la bataille, à envoyer aux nouvelles et à donner des siennes, à chercher à saisir l'occasion d'une intervention nouvelle, plus discrète, moins directe si l'on veut, mais utile quand même, et nous forçant à ne distraire de la ligne Antoing-Fontenoy ni un bataillon, ni un escadron. Cette occasion, il l'aurait trouvée. Il y eut en effet une heure dans la journée où une diversion habilement tentée et soutenue par le corps hollandais aurait singulièrement aggravé notre situation déjà fort critique. Cette heure, le prince de Waldeck la laissa passer ; il manqua de flair et de coup d'œil : il attendit des ordres. Les ordres ne devaient pas venir.

Pendant qu'à la gauche de l'armée anglaise l'attaque s'arrêtait impuissante devant Antoing, l'assaut dirigé, à droite, contre les redoutes des bois de Barry, n'avait pas un meilleur succès. Lord Ingoldsby, qui le commandait, n'arriva même pas au pied des ouvrages à emporter. Il disposait cependant d'une troupe d'élite : les Highlanders ne demandaient qu'à marcher ; mais leur chef, surpris de l'aspect imposant des fortins, effrayé de voir sur son flanc droit la lisière du bois se couvrir de feux, et les *Grassins*, dont rien ne faisait soupçonner la présence, se lever tout à coup du milieu des taillis, s'arrêta, hésitant, interdit, demanda du canon et finalement mit sa troupe en retraite. Le duc de Cumberland, outré de cette couardise, et n'ayant pas un homme de trop devant Fontenoy, refusa tout renfort, et, de retour en Angleterre, força son lieutenant à s'expliquer devant une cour martiale.

Ainsi donc, aux deux extrémités de la ligne française, les bastions résistent ; rien cependant n'est compromis pour le duc de Cumberland, s'il parvient à démolir notre saillant, à briser Fontenoy. Mais à Fontenoy, la défense est brillante et sûre d'elle-même : des maisons, de l'église, du cimetière partent des salves et des bordées qui infligent à l'ennemi des pertes d'autant plus sensibles, qu'il attaque à découvert et, comme nous l'avons dit, sans préparation. Les colonnes d'assaut, très fières et très courageuses au début, viennent toutes échouer et trébucher à l'entrée du village. Le général en chef lance et relance les *Gardes anglaises* ; ces braves gens se prodiguent, mais sans parvenir à prendre pied nulle part. Des signes de lassitude commencent à se manifester, on sent que la partie est inégale. La vaillance sous la mitraille est courte : elle ne se soutient qu'en se distrayant par la pensée de la victoire qui approche ; il n'en est rien ici, et le duc de Cumberland se rend compte qu'il est temps de soustraire ses troupes à cette atmosphère embrasée : il donne l'ordre de se replier sur Vezon.

Il est huit heures et demie du matin : la lutte a duré trois heures ; Antoing, Fontenoy, les redoutes de la corne des bois de Barry sont debout et intacts ; la route de Tournai reste fermée ; la défense garde tous ses postes de commandement ; si la bataille finit là, elle est gagnée. Il n'y aura de défaite qu'une défaite anglaise, et la victoire (nous pouvons le dire sans blesser aucune susceptibilité) sera une victoire française. Il était français, ce régiment de *Piémont*, l'un des *six vieux*, l'ancêtre du 3e de ligne ! français : *Crillon*, *Biron*, *Royal-Marine*, *Dauphin*, *Beauvoisis*, le *Régiment du Roi*, la *Couronne*, le *Régiment d'Eu* ! français : les escadrons de *Royal-Dragons*, de *Fremant*, de *Mestre-de-camp*, tous ces héroïques défenseurs d'Antoing, de Fontenoy et des redoutes de Barry ! Ce n'est pas la présence au milieu d'eux de quelques bataillons suisses de Bettens et de Diesbach, intrépides soldats du reste, qui fera refuser à douze autres régiments, aussi français que les *Tercios Viejos* [1] étaient espagnols, la gloire des trois premières heures de la journée.

---

1. Les *Tercios Viejos* formaient au seizième et au dix-septième siècle, « cette redoutable infanterie d'Espagne » immortalisée par Bossuet ! — Ils ne se recrutaient que parmi les « Espagnols naturels » : ni Comtois, ni Flamands ne pouvaient y entrer. Quand ils furent envoyés dans les Pays-Bas, les ravitailler, combler leurs vides, devint fort difficile. Ils ne survécurent pas aux journées de Rocroy (1643) et de Lens (1648).

Mais cette journée n'était pas finie : ni Königseck ni Cumberland n'entendaient rester sur un échec. On s'était replié, non pas mis en retraite. On le sentait si bien dans les lignes françaises que tout le monde restait sur la défensive, en arrêt et dans l'attente, prêt à recevoir un nouvel assaut. D'assaut, il ne devait plus y en avoir. Cumberland méditait une reprise, mais d'un nouveau genre. Il avait échoué contre les bastions, il frapperait par les intervalles, il marcherait contre les courtines, contre la plus faible du moins, celle qui courait de Fontenoy au bois de Barry et qui n'était formée en réalité que par la ligne des *Gardes françaises* et des *Gardes suisses*, légèrement appuyée par *Royal*. Il est vrai que les chemins pour l'aborder étaient peu praticables, qu'une large dépression à fond humide régnait parallèlement à son front, et en rendait l'accès difficile, ce qui excusait le maréchal de Saxe de ne pas l'avoir fortifiée, comptant, comme il le dira après la bataille, qu'il n'y aurait pas un homme assez osé pour s'aventurer dans ce passage. Mais qui veut vaincre, tente tout, même l'impossible. Ces chemins ravinés [1], ces fondrières encaissées qui, partant de Vezon, conduisent à la ligne des *Gardes*, à la crête du plateau de Fontenoy, le duc de Cumberland s'en servira comme de couloirs d'approche et de véritables caponnières. Tout ce qui dans l'infanterie n'est ni blessé, ni démoralisé descend là dedans et s'y allonge en colonnes (quinze mille hommes environ). La cavalerie essaie de suivre, mais elle doit y renoncer ; on y amène deux batteries, une en tête, une au milieu ; il faut dételer les pièces et les traîner à bras d'hommes. Décidément, c'est une *via mala*, on y marche cependant en se terrant. Du plateau de Fontenoy, on ne voit rien, on ne peut rien voir ; mais bientôt, du village de Fontenoy et des redoutes de Barry où on est mieux posté, on aperçoit, à la tête de sortie des ravins, les lignes profondes des *Red coats* ; aussitôt on braque les canons de ce côté et on couvre de mitraille les flancs des colonnes qui, instinctivement, serrent sur le centre, se rapprochent et se confondent

---

1. Chemins creux et ravines ont été comblés et nivelés en 1902, lors de la construction du chemin de fer vicinal de Tournai à Peruwelz.

bientôt en une seule et unique colonne. Sous l'action des boulets et de l'instinct de la conservation, la tête s'effile, la base s'élargit, les unités moins bien trempées s'y ramassent, mais personne ne se dérobe, et c'est en formant une sorte de trapèze allongé que les Anglais abordent la crête du plateau.

Quand on vit poindre les canons anglais, les officiers des Gardes françaises, croyant n'avoir devant eux qu'une reconnaissance audacieuse et isolée, s'avancèrent avec quelques troupes pour les enlever. Mais, arrivés sur la crête du plateau, ils furent bien étonnés de se trouver en face de toute l'infanterie anglaise remontant silencieusement les pentes de la dépression qui la masquait à nos yeux. Fusillés et canonnés, soixante des nôtres roulèrent par terre ; le reste regagna vivement les rangs. A peine y étaient-ils que l'ennemi débouchait sur le plateau. En tête des Gardes anglaises du régiment de Cambis et de *Royal-Ecossais*, marchaient le comte d'Albemarle, Robert Churchill, lord Charles Hay, la première noblesse du pays.

Ces messieurs s'avancèrent seuls de quelques pas, et, ôtant leurs chapeaux, saluèrent. De leur côté, le duc de Biron, le comte de Chabannes, s'étaient portés en avant et rendaient aux Anglais leur politesse. Tous les officiers des Gardes françaises s'étaient aussi découverts. Cet échange rapide de courtoisie que rien n'avait commandé, fut interrompu par l'invitation de lord Charles Hay : « Tirez donc, Messieurs ! — Non, Monsieur, répondit à haute voix le comte d'Anterroche, lieutenant aux grenadiers de la garde, nous ne tirons jamais les premiers ; tirez vous-mêmes. »

Cette réponse, que plusieurs ont trouvée trop chevaleresque pour être vraie, n'avait cependant de remarquable que le sang-froid avec lequel elle fut prononcée : elle était conforme à la lettre du règlement des Gardes françaises, qui leur défendait de faire feu les premiers. A cette époque de tir lent, on conçoit le désavantage qui pouvait résulter pour une troupe à se trouver le mousquet vide devant une autre qui avait réservé son feu. Ces mêmes Gardes françaises l'avaient éprouvé, en 1648, dans les plaines de Lens où, emportées par leur ardeur, elles avaient *mangé l'ordre* et failli faire perdre, au centre, la bataille gagnée aux ailes [1].

A Fontenoy, la maîtrise fut plus grande et plus méritoire : à cinquante pas en avant, c'était la mort qui se dressait avec ces lignes correctes, arrêtées au commandement, impassibles, les armes apprêtées, n'attendant qu'un signal pour coucher en joue et faire feu. Malgré cela, personne, du côté français, ne tira. Les Anglais — et nous ne pouvons leur en faire un reproche — ne se firent pas prier deux fois : une grêle de balles s'abattit sur les bataillons suisses et français qui, tout pantelants et ouverts, envoyèrent leur décharge, puis se replièrent lentement, et sans panique, sous la protection des redoutes du bois de Barry. Par cette position sur le flanc de la colonne anglaise et grâce à l'énergie du comte de Chabannes, ils purent se maintenir et attendre l'heure du retour offensif de l'armée française. Il était entre neuf heures et demie et dix heures du matin.

A la première alerte, tous les corps d'infanterie qui se trouvaient entre Fontenoy et Barry-Ramecroix, se portèrent sur le front. Mais, émus déjà par la brusquerie et la violence de cette attaque que rien n'avait fait prévoir, l'ordre de bataille de l'ennemi acheva de les déconcerter. La colonne anglaise avait repris sa marche, comme insouciante des projectiles qui, de Fontenoy et des redoutes de Barry, continuaient à labourer ses flancs ; après quelques pas et par intervalles courts et réguliers, elle s'arrêtait ; puis froidement, comme à la parade, exécutait par ses trois faces des feux d'ensemble. Cette tactique ne pouvait manquer de produire son effet : tout ce qui approchait, tourbillonnait, et le ralliement sur cette ligne entamée devint fatal. La masse de feu toujours grandissante et s'élevant comme d'un trou d'enfer, prenait des proportions que l'émotion de la surprise exagérait encore. Jamais, depuis Rocroy, on n'avait eu devant soi une aussi redoutable infanterie ; mais celle-ci avait un avantage que n'avait pas les régiments du comte de Fontaines : elle n'était pas figée sur place, battue déjà comme

---

1. *Histoire des princes de Condé,* par le duc d'Aumale, t. V, p. 251. — Cf. *ibidem,* la note 2 de la page 264.

un rempart qui s'écroule sous les derniers coups qu'on lui porte, elle s'avançait victorieuse, et pénétrante comme un coin de fer, au milieu de bataillons ébranlés, décimés, doutant d'eux-mêmes : *Aubeterre, Royal*, la *brigade Irlandaise, Hainaut, Soissonnais* et d'autres n'attaquèrent bientôt plus que par pelotons, disséminés, décapités d'un grand nombre de leurs officiers supérieurs et de rang, tués ou blessés.

En moins d'une demi-heure, l'intervalle Fontenoy-Barry était ouvert, notre première et notre seconde ligne d'infanterie rompues, et la victoire, passant d'une armée à l'autre, planait maintenant sur les bataillons anglais. Que restait-il à faire pour la fixer ? — « A manœuvrer », répond Frédéric le Grand dans l'*Histoire de mon temps*.

A manœuvrer ! Mais Cumberland songeait-il à manœuvrer ? Et y eût-il songé, le pouvait-il ? Ce quart de conversion à droite et ce quart de conversion à gauche que lui demandait Frédéric II, et qui l'aurait rendu maître, en les tournant, de la corne des bois de Barry et du saillant de Fontenoy, il ne pouvait les exécuter sans s'ouvrir, sans fractionner sa colonne, sans en ébranler peut-être toute la force de cohésion. Superbe tant qu'elle marchait compacte et qu'elle se couvrait de feux, que serait-elle devenue dans cette manœuvre délicate et difficile en face de l'ennemi ? Car de nouveau il était là, l'ennemi, et cette colonne, qui avait si bien bousculé l'infanterie française, n'était plus déjà, nous allons le voir, sans subir des assauts. Et quoique ces assauts, arrêtés à distance par des salves terribles, n'allassent pas encore jusqu'au corps à corps, ils n'attendaient qu'une fissure dans ce bloc vivant pour y pénétrer, le disloquer et en rejeter les débris hors du champ de bataille.

Que manqua-t-il donc et surtout au duc de Cumberland ? Il lui manqua l'arme de l'effet moral, l'ouragan de fer, l'avalanche des sabres ; il lui manqua sa cavalerie !

Notre infanterie qui n'était plus que l'ombre d'elle-même, en partie couchée dans la mort, en partie démoralisée, hésitante ou fuyante, sauf quelques poignées vigoureusement trempées, cette infanterie était mûre pour une charge de cavalerie. Quelques escadrons [1] — et Cumberland en avait quarante-deux! — en eussent dispersé facilement tous les restes avant que les réserves aient eu le temps d'accourir, ou ils les auraient surprises elles-mêmes en flagrant délit de formation. Mais ces escadrons étaient restés en arrière. Ils avaient essayé de suivre, nous l'avons vu, et n'y avaient pas réussi. Déployés maintenant devant Vezon, à 1.600 mètres du champ de bataille, ils assistaient, impuissants, à une partie engagée comme décisive, mais qui ne devait pas l'être, précisément parce que le général en chef s'était interdit les moyens de la faire suivre et appuyer jusqu'au bout.

Tout autre allait être la fortune du maréchal de Saxe.

Dévoré par la fièvre, frémissant de colère et de douleur à la vue d'une victoire qui s'annonçait si belle, et qu'une audace téméraire, qu'un coup de désespoir va lui ravir, il ne perd rien de la maîtrise nécessaire à un général en chef, et son coup d'œil n'est pas troublé; il a vu et calculé tout le danger, et il est grand! il va tâcher quand même d'y porter remède, et sur-le-champ.

On l'avait traîné jusque-là dans sa voiture d'osier : il demande un cheval. On le hisse dessus. Que va-t-il faire? — Courir à son infanterie? — Il n'y songe même pas. Il sait fort bien ce que d'autres ont observé avant et après lui, « qu'il a toujours été difficile de reporter en avant des hommes arrêtés par une grêle de balles [2] ». Ce qu'il cherche, lui aussi, ce sont des cavaliers, des cavaliers qui aient échappé aux émotions des premières lignes, mais qui soient assez proches pour agir et assez dévoués pour mourir. Car ce qu'il lui faut, ce sont des dévouements et des dévouements jusqu'à la mort! Ce qu'il veut, c'est gagner du temps, c'est donner du répit à son infanterie, c'est contenir, retarder les progrès de cette colonne endiablée. Et pour cela rien de tel « qu'une chevau-

---

1. A la bataille de Custozza, 24 juin 1866, trois pelotons de lanciers autrichiens, commandés par le capitaine (plus tard général) Bechtoldsheim, débouchant à l'improviste du Monte-Cricole, tombent sur la division italienne Cerale et la jettent dans un complet désordre, elle et son avant-garde, la brigade Forli. Mais cette division était arrivée sur le champ de bataille, fatiguée déjà et *démoralisée* par une marche énervante, toute d'à-coups et d'accidents.

2. *La Cavalerie napoléonienne peut elle encore servir de modèle ?* par le Lieutenant-Colonel A. Aubier. (*Revue de cavalerie*, août 1902, p. 539.)

chée d'escadrons, se ruant à l'attaque et détournant sur elle l'attention et les feux de l'ennemi[1] », mais en même temps jetant devant lui, par ses charges répétées et, s'il le faut, par ses hécatombes, une barrière qu'il finira bien par ne plus pouvoir franchir [2]. Mais où la chercher, cette masse de cavalerie, cette réserve de sabres? — Le général Ambert dit qu'il n'y en a pas de réserve [3]! — Ne disputons pas sur les mots : il y a là, entre Antoing et Notre-Dame-au-Bois, soixante-huit escadrons qui forment les arrière-lignes du champ de bataille. Le maréchal de Saxe, qui les a rangés, le sait bien. La voilà, sa réserve, la première du moins, car il en a encore une autre !

Il court à elle. Du moment qu'il faut charger, tout le monde est prêt : *Royal-Roussillon*, *Royal-Cravates*, le *Prince-Camille*, *Brancas*, *Fits-James*, *Clermont-Prince*, *Colonel-Général*, *Berry*, *Noailles*, *Penthièvre*, *Pons*, *Brionne*, *Chabrillant*, *Royal-Étranger*, *Egmont*, *Taillerand*, *Orléans*, *Clermont*, le *Régiment du Roi*, *Dragons d'Egmont*, tous ces régiments n'ont qu'une âme, l'âme du combat ! C'est à qui partira le premier. Mais il s'en faut qu'on entame une charge confuse et désordonnée. Ce n'est pas en fourrageurs qu'on aborde une infanterie intacte, et l'infanterie anglaise, malgré les pertes qu'elles a subies, est intacte ; car cela se mesure surtout au moral, et son moral n'a pas souffert. Il grandit même et s'élève à chaque pas qu'elle fait sur ce plateau, où elle sent qu'elle devient maîtresse. Pour lui enlever cette assurance — et l'arrêter, si l'on peut ! — il faudra la serrer et la serrer de près, tomber sur elle d'un galop puissant, ordonné, menaçant !

La première ligne s'ébranle par escadrons qui se suivent, se soutiennent et s'échelonnent.

A la vue de cette cavalerie qui s'avance sur son front et

---

1. *La Cavalerie napoléonienne peut-elle encore servir de modèle ?* par le Lieutenant-Colonel A. Aubier. (*Revue de cavalerie*, août 1902, p. 539.)

2. Cf. *Histoire de Maurice, comte de Saxe*, par le baron d'Espagnac, t. II, p. 74. — Le baron d'Espagnac (1713-1783) servit avec distinction sous le maréchal de Saxe, dont il était le confident intime. Écrivain militaire, il a laissé des ouvrages appréciés.

3. *Le Maréchal de Saxe*, *loco citato*, p. 220.

sur ses flancs comme une tenaille vivante, prête à l'enserrer et à l'étreindre, l'infanterie anglaise, sans trahir aucun trouble, s'arrête, l'attend à petite distance, ajuste et fait feu : toutes les balles portent ; en même temps, la batterie de tête a lâché sa mitraille : des rangs entiers sont fauchés, les autres se renversent et se cabrent ; les chevaux qui ont perdu leurs cavaliers augmentent le désordre ; la charge est rompue.

Pendant que la première ligne se rallie derrière la seconde, celle-ci donne à son tour avec un ensemble et une franchise d'allure remarquables ; mais à cinquante pas du carré anglais, elle s'abat, elle aussi, sous une effroyable décharge [1].

L'épreuve est terrible. Tous les officiers de cavalerie, qui ont vu la guerre, savent combien il est difficile de reporter en avant des escadrons, même braves, qui, sans parvenir à toucher l'obstacle, se sentent frappés à distance et n'ont plus pour stimulant que la certitude peu enivrante de la mort. Cette épreuve, nos escadrons la soutinrent à Fontenoy avec une endurance et une constance admirables [2]. Lieutenants généraux, maréchaux de camp, colonels furent les premiers à ne pas marchander avec le sacrifice et à donner généreusement ce qu'on leur demandait. Les autres, officiers et cavaliers, rivalisèrent d'abnégation dans l'accomplissement du devoir. Aucun régiment, aucun escadron ne se déroba. Le sort des deux premières charges, la sombre jonchée d'hommes et de chevaux, les terribles rafales de fer et de plomb, rien ne put amoindrir l'âme ni briser l'élan de ces belles troupes, et les charges reprirent avec fureur. Elles se prolongèrent pendant quatre heures. On vit là ce qu'on avait déjà vu, ce qu'on verra encore, ce qu'on verra toujours, tant qu'on ne l'aura pas reléguée loin du champ de bataille, que « la cavalerie est une arme d'audace, d'enthousiasme, de folie et de sacrifice [3] », témoin cet escadron du régiment de Noailles, commandé par le marquis de Wignacourt : plus

---

1. *Campagnes de Louis XV*, p. 42. Paris, 1788.

2. *Campagnes de Louis XV*, p. 42.

3. *Cavalerie à cheval* ***. (*Le Correspondant*, 23 février 1903, p. 781.)

heureux que tous les autres, seul il réussit à franchir la ligne de feu et à joindre les lignes anglaises, « mais pour y être détruit tout entier, sauf quatorze hommes qui y pénétrèrent, dont dix furent faits prisonniers, et le marquis, percé de deux coups de baïonnette dans le ventre, resta sur la place ».

On a vivement reproché au maréchal de Saxe ces charges répétées et meurtrières. Ces reproches ne sont pas fondés. Ils partent de ce principe faux que « tout l'art de vaincre est l'art d'éviter les pertes ». Ce principe ridicule, les grands chefs militaires ne l'ont jamais connu. Très ménagers, par calcul, du sang de leurs soldats, ne sacrifiant inutilement ni un peloton ni un homme, ils n'hésitaient pas, quand besoin était, à jeter en avant des brigades, des divisions et jusqu'à des corps entiers de cavalerie. C'était à ces heures où, comme l'a très bien montré le Lieutenant-Colonel A. Aubier, dans sa *Cavalerie napoléonienne* [1], il fallait à tout prix terminer avec honneur une journée indécise, accentuer une victoire et l'arracher à l'ennemi. Tout ce qu'on pouvait leur demander, c'était l'intelligence et l'à-propos de ces charges coûteuses ; la défaite épargnée les justifiait du reste.

Eh bien, qui oserait dire qu'à Fontenoy le maréchal de Saxe ait manqué d'intelligence et d'à-propos, et que les charges qu'il ordonna furent moins rationnelles que ne devaient l'être plus tard celles d'Eylau et de Borodino ? Des deux côtés, c'est la victoire que l'on cherche, avec cette seule différence qu'en 1807 et en 1812, c'est la cavalerie qui emporte les dernières résistances et conquiert le champ de bataille, tandis qu'à Fontenoy elle ne fait que ménager à l'infanterie rétablie et à la *Maison du Roi*, qui n'a pas encore donné, les suprêmes honneurs de la journée. Mais franchement, dans ce dernier cas, à qui la gloire ? N'est-ce pas, autant qu'aux autres, à ces dévouements obscurs, à ces rudes chevauchées de la mort, pendant lesquelles et grâce auxquelles la vigueur et la vie rentraient dans l'âme de l'infanterie, pour la pousser de nouveau aux actions héroïques ?

---

1. Lieutenant-Colonel A. Aubier, *loco citato*, p. 539.

Il était deux heures du soir, les hommes et les chevaux, harassés, avaient fourni le maximum de l'effort ; des redoutes du bois de Barry et du village de Fontenoy les boulets arrivaient de plus en plus rares, les provisions s'épuisaient, et cependant le grand effet voulu et cherché par le maréchal n'éclatait pas encore. Là-bas, à Notre-Dame-aux-Bois, ceux qui étaient restés étrangers à la belle manœuvre du général en chef, et n'en comprenaient pas le sens et la portée, s'agitaient confusément autour du roi.

Mais un changement venait de s'opérer du côté des Anglais : leur colonne restait immobile dans la plaine [1]. L'amoncellement de cadavres d'hommes et de bêtes qui formait une gêne pour la marche, l'affolement des chevaux errants qui venaient s'abattre dans ses rangs, l'inquiétude naissante de se trouver *en l'air*, l'absence complète sur ses flancs d'une cavalerie amie, l'espoir de toute diversion perdu, tout cela avait fini par diminuer son audace et briser son élan. Pour son malheur, elle allait passer à la défensive à l'heure précisément où les nôtres recouvraient cœur et jambes.

Lally-Tollendal était entré à fond dans la pensée du maréchal de Saxe. Le premier, il avait compris tout le profit que l'on pouvait tirer de la superbe diversion de nos cavaliers. Pendant que les charges se multipliaient, il avait, lui, remis de l'ordre dans ses bataillons irlandais, et les ayant de nouveau bien en main, il les relançait à l'attaque du flanc droit de la colonne anglaise. De son côté, *Royal-Vaisseaux* (le 43e de ligne), soulevé par ce bel exemple et ressaisi par le comte de Guerchy, le seul de ses officiers qui n'eût été ni tué ni blessé, appuyait les bataillons de Lally et se formait à leur droite. Derrière la brigade *Irlandaise* et *Royal-Vaisseaux*, s'avançait, pour les soutenir, frais, dispos, intact, un régiment qui n'avait pas donné le matin ; il venait d'un poste de réserve entre Rumillies et Ramecroix, c'était *Normandie*, lui aussi des *six vieux*, l'émule de *Picardie* et de *Champagne* ; *Normandie*, le premier en tête du livre d'or du 9e de ligne !

---

1. Cf. le duc de Broglie, *Études diplomatiques*, p. 479.

J'imagine que le cœur du fantassin n'est pas d'autre pâte
que le cœur du cavalier : si de Brack [1] a pu écrire que « ce
qui double la vigueur d'une charge est la confiance inspirée
par la proximité des troupes de soutien », quelle assurance
ne dut pas entrer dans le cœur de la brigade *Irlandaise* et
des *Vaisseaux* en se sentant appuyés par un régiment de la
trempe de *Normandie* ! Et de fait, il donna avec une vigueur
que les relations les plus authentiques se plaisent à signaler.
Nous pouvons donc l'associer à la gloire des deux autres,
sans amoindrir leur valeur ni blesser la vérité.

Pendant que la reprise se dessinait ainsi à notre gauche,
partielle encore et réclamant son complément, le maréchal
de Saxe se portait au galop à la *Justice d'Antoing*, près de
Notre-Dame-aux-Bois, où se trouvait le roi. Là, se tenait à
cheval une sorte de conseil de guerre, où, en dehors du
général en chef, on émettait les projets les plus extrêmes : on
ne parlait de rien moins que de faire repasser l'Escaut au
roi et à une partie de sa maison militaire. — « Quel est le
j...-f..., dit à haute voix le maréchal, qui propose un pareil
conseil ? J'en étais d'avis tout à l'heure, maintenant il est
trop tard [2] . » — Oui, il était trop tard, parce qu'à l'heure
où il méditait et préparait une reprise générale, à l'heure où
il l'avait rendue possible, où déjà elle était commencée, il
ne s'agissait plus de savoir s'il avait été prudent ou non de
laisser le roi passer l'Escaut, mais quel effet cela produirait
de le lui voir repasser ? Cet effet ne pouvait être que désas-
treux : on verrait dans ce départ l'aveu de la défaite et le
signal de la débandade.

Le maréchal n'eut pas à insister. Le roi entendait rester
et rester jusqu'au bout. Ce jour-là il fut de sa race, et
quelque chose d'Ivry et de Taillebourg passa dans son âme.

En ce moment arrivait, bride abattue, la tête au vent, le
duc de Richelieu. Il venait de parcourir le champ de bataille ;
il annonce ce que nous savions déjà, ce qui n'était pas un
mystère pour Maurice de Saxe, qu'à notre gauche, la brigade

---

1. *Cavalerie en campagne*, par le Lieutenant-Colonel Cherfils, de l'École de
guerre, p. 82. Paris, Berger-Levrault, 1893.

2. *Etudes diplomatiques*, p. 748.

Irlandaise et *Royal-Vaisseaux* reprennent la lutte et que *Normandie* les soutient.

Le maréchal, ravi que le duc eût si bien vu, en profite pour enlever de haute main la manœuvre suprême. Ses cavaliers ont soutenu la partie compromise ; si l'on veut maintenant faire échec et mat, il faut pousser sur l'échiquier, franchement, résolument, les dernières pièces disponibles. Le roi, qui depuis son arrivée à l'armée a toujours voulu qu'on obéît au maréchal, y consent ; il renonce à tout ce qui ne devait servir qu'à sa sûreté personnelle : réserve de canons et réserve de cavalerie (sa maison militaire). Les quatre canons qui couvraient à distance la tête de pont de Calonne sont amenés, mis en batterie et battent d'enfilade la tête de colonne anglaise.

Le comte de Lowendal prend le commandement des bataillons irlandais, des *Vaisseaux*, de *Normandie* et des quinze escadrons de cuirassiers qu'il avait amenés. Il agira sur la droite anglaise.

Le duc de Biron amène d'Antoing et de Fontenoy les régiments qui, le matin, avaient défendus ces deux bastions [1]. Il rallie en outre les brigades de la *Couronne*, du *Roi*, d'*Aubeterre* et de *Royal*. Ces brigades mettent baïonnette au canon. Quelques escadrons de cavalerie les appuient : ils agiront sur la gauche anglaise.

La *Maison du Roi* attaquera la colonne de front. C'est elle qui va jeter dans ce large mouvement d'ensemble une note éclatante. En réserve depuis le matin et « *jalouse*, dit Maurice de Saxe, *qu'on ne lui eût encore rien dit* », elle veut donner aux inoubliables prouesses de ceux que nous avons appelés « la première réserve » un complément superbe. En la voyant passer et prendre ses dispositions de combat, les débandés (il y en a toujours en queue des armées

---

1. A un moment donné, par suite d'un ordre interprété trop à la lettre, Antoing allait se trouver presque vide de troupes : les Hollandais s'en aperçurent et déjà commençaient à s'ébranler ; mais le duc de Biron faisant faire volte-face à quelques bataillons, et nos dragons s'apprêtant à charger, tout rentra dans l'ordre. Le soir, le corps hollandais suivit le mouvement général de retraite. De ce côté, vingt pièces de canon et les blessés restèrent entre nos mains. (*Histoire de Maurice, comte de Saxe*, par le baron d'Espagnac, t. II, p. 80).

aux heures indécises) s'arrêtent et se rallient, persuadés que cette belle cavalerie ne pouvait marcher qu'à la victoire.

Quand l'ordonnance fut parfaite, la méthode et l'ensemble assurés, l'ardeur générale disciplinée, le maréchal de Saxe alla se placer à la tête des *Carabiniers*, et la grande charge commença. Elle fut rapide et décisive. Ce n'est pas que l'infanterie anglaise reculât sans combattre : elle eut encore assez de sang-froid et de force pour recourir au moyen qui lui avait si bien réussi : les feux. Mais, cette fois, nous en avions, nous aussi, des feux. Les fusils avaient reparu ; ils se valaient et se répondaient. A son tour, l'infanterie française se faisait l'auxiliaire de la cavalerie, et de quelle cavalerie ! Gendarmes de la garde, carabiniers, chevau-légers, mousquetaires, gardes du corps, grenadiers à cheval, chargeaient avec cette crânerie et ce mépris de la mort qui avaient marqué leurs débuts à Steinkerque et à Neerwinden ; mais cette *furia* n'avait rien d'échevelé ni d'abandonné et laissait place, à ses côtés, aux vigoureux retours de l'infanterie. C'est même cet accord, cette puissante harmonie, ce concert de toutes les armes auquel le général en chef tenait tant, qui donna très vite à cette charge les caractères d'un assaut irrésistible [1]. Mais cet assaut sanglant des sabres et des baïonnettes, cet assaut que des troupes d'un moral ordinaire n'attendent pas, ce corps à corps effrayant, cette muraille vivante de cavaliers qui menace de vous écraser et que d'instinct on évite, tous ces éléments de terreur et de panique, les gardes anglaises et écossaises semblèrent les voir sur elles sans s'émouvoir ; ce n'est qu'assaillies, sabrées, ouvertes et

---

1. Cf. le baron d'Espagnac, *opere citato*, p. 80. — Qu'on veuille bien le remarquer, l'infanterie anglaise n'était pas en déroute, elle n'avait pas enfilé la venelle ; elle était encore ferme au poste, « comme un rocher à miner », dit un mémoire du ministère de la guerre. On ne pouvait donc tomber sur elle dans un brillant désordre, en « fourrageurs », comme l'écrit Voltaire sur la foi de son ami, le duc de Richelieu. Celui-ci, très brave, mais vaniteux et porté, en fait de gloire, à se faire la part du lion, s'attribuait volontiers tous les honneurs de la journée de Fontenoy. C'est lui qui aurait inventé « la botte secrète » des quatre canons de réserve, lui qui aurait eu « l'illumination soudaine » de ce qui restait à faire !... Et Voltaire, écoutant avec complaisance le récit de ces merveilles, les consigna dans son *Histoire du siècle de Louis XV*, chap. xv. Le duc de Broglie se montre moins crédule dans ses *Etudes diplomatiques* et préfère à la riche verve du futur *Père la Maraude* des documents plus sobres et plus sérieux. Cf. F. Oger, *Notices historiques : Maurice de Saxe*, p. 233. Paris, Delagrave, 1896.

bousculées, qu'elles se mirent en retraite, silencieuses et dignes, abandonnant sept mille morts ou blessés, deux mille prisonniers, le canon qu'elles avaient traîné, mais pas un étendard !

Les débris de cette valeureuse colonne avaient repris le chemin des ravins et des fondrières, ils furent recueillis à l'entrée de Vezon par la cavalerie anglaise. Le maréchal de Saxe empêcha la poursuite que la nature du terrain et le voisinage des bois rendaient délicate et périlleuse. L'armée du duc de Cumberland opéra sa retraite par la route d'Ath sans être inquiétée ; mais le soir les *Grassins* chargèrent par surprise huit cents hommes d'infanterie et quelques escadrons de cavalerie laissés à Vezon à la garde des bagages et du parc d'artillerie qui devaient marcher à l'arrière-garde. l'infanterie fut prise, les escadrons rompus, les bagages, le parc, l'ambulance de campagne enlevés. Ce fut le dernier acte de la bataille de Fontenoy.

Les pertes totales de l'ennemi, évaluées au chiffre le plus bas, étaient de neuf mille hommes restés sur le champ de bataille [1] .

Nous avions hors de combat, tués ou grièvement blessés, six mille hommes ; mais dans ce chiffre relativement faible et qui s'explique par les combats abrités du matin, nous comptions plus de quatre cents officiers de tout grade, le plus grand nombre appartenant aux régiments de cavalerie, et sept officiers généraux tués [2] .

Quant aux conséquences de Fontenoy, elles furent belles comme la bataille : Tournai, Oudenarde, Gand, Bruges, Ostende, tombèrent les unes après les autres, la *barrière* était brisée et les Pays-Bas autrichiens ouverts.

Nous nous arrêterons ici. Nous n'avons eu pour but, dans ce travail, que de rechercher la vérité des faits sur un point fort délicat. Chemin faisant, il nous a fallu relever quelques

---

1. L'*Almanach du Drapeau* (Hachette, 1902, p. 333) donne quatorze mille hommes.

2. Les Lieutenants Généraux de Gramont et de Luteaux ; les Maréchaux de Camp du Brocard, de Sommery, de la Payre, de Langey, de Refuveille.

assertions d'écrivains, trop légères et inexactes, et que nous ne pouvions négliger, sans nous exposer à les voir ramasser comme éléments de contre-attaque. Elles rentraient donc dans le cadre général d'une étude critique. Mais, soit dans la poursuite de ces réfutations partielles, soit dans celle de l'objet principal : rétablissement des rôles et part de chacun dans la bataille, nous n'avons voulu diminuer personne. Si la vaillance mérite l'estime même chez l'ennemi, à plus forte raison convient-il de la reconnaître chez des frères d'armes. Nous avons toujours aimé cette chevaleresque nation irlandaise, grande par son passé, ses gloires et ses deuils ; nous saluons avec respect l'héroïsme de ses enfants ; mais cette inscription de 1902, nous ne pouvions la laisser passer sans explication. Ici comme ailleurs : *Amicus Plato, magis amica veritas !*

LILLE, IMPRIMERIE LEFEBVRE-DUCROCQ

9 782019 930745